AF359238

RECUEIL

DE

MORCEAUX DE CHANT

AVEC THÉORIE

A L'USAGE DES ÉCOLES PRIMAIRES COMMUNALES

DE MULHOUSE,

PUBLIÉ PAR

CHARLES-THÉOPHILE WENNING.

Instituteur communal.

TOME PREMIER.

École primaire communale de Mulhouse.

MULHOUSE,

J. P. RISLER, LIBRAIRE-ÉDITEUR

et chez les principaux Libraires de l'Alsace.

1854.

Lithg. C. Fasoli & Ohlvren à Strasbg.

BIBLIOTHÈQUE IMPÉRIALE

TABLE DES MATIÈRES.

Remarque. Avec l'autorisation de l'éditeur, les nᵒˢ suivants ont été tirés de l'Orphéon (22, 23, 31, 33, 38, 55, 68, 74, 81, 84, 85, 94.)

THÉORIE.

PREMIÈRE PARTIE.

« Le chant n'est pas un luxe; le chant perfectionne la finesse de l'ouïe, purifie la voix, renforce la poitrine, améliore le cœur. »   JOSEPH MAINZER.

« Une réunion de chanteurs est une réunion de frères. »

HERDER.

§ 1. Des Notes.

1. La musique est l'art de combiner les sons.

2. La réunion de sons successifs forme une *phrase musicale*, de même qu'une réunion de mots compose une phrase parlée ou écrite.

3. Les sons sont *graves* (bas) ou *aigus* (hauts), *longs* ou *brefs*.

4. On appelle *Notes* les signes dont on se sert pour représenter les sons.

5. Dans toute note il faut considérer le *son* qu'elle représente et la *durée* de ce son.

Les notes ont cette forme :

6. Les notes s'écrivent sur cinq lignes parallèles ou dans les espaces compris entre ces lignes et qu'on appelle *interlignes*.

Ces cinq lignes, avec les interlignes, prennent le nom de *Portée*.

7. On appelle *Clef* le signe qui se trouve au commencement d'une portée et dont la forme indique le nom de la note placée sur la ligne où se trouve le signe. Les clefs les plus usitées sont : la *Clef de Sol* et la *Clef de Fa*.

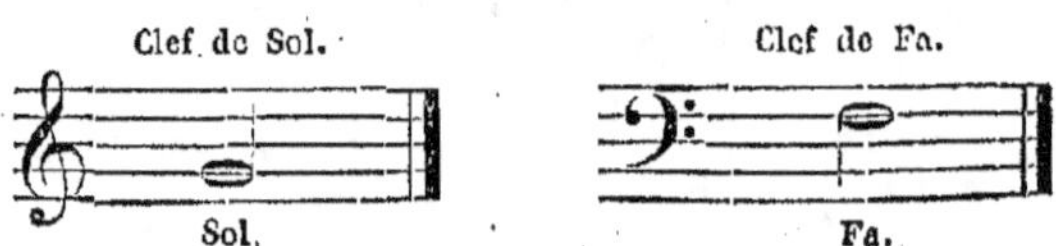

8. Le son que la note représente est indiqué par la place qu'elle occupe sur la portée, tandis que la durée de ce son dépend de la forme de la note.

Exemple. 

Dans cet exemple les notes N°s 1, 2, 3 représentent le même son, parce qu'elles sont écrites sur la même ligne; les N°s 3, 4 et 5 ne représentent pas le même son, parce qu'elles se trouvent à des hauteurs différentes sur la portée.

Les sons représentés par N°s 1 et 4 ont la même durée, parce que les notes ont la même forme; il n'en est pas de même des N°s 2, 3 et 5, attendu que ces notes ont une forme différente.

9.　　　TABLEAU DE LA VALEUR DES NOTES.

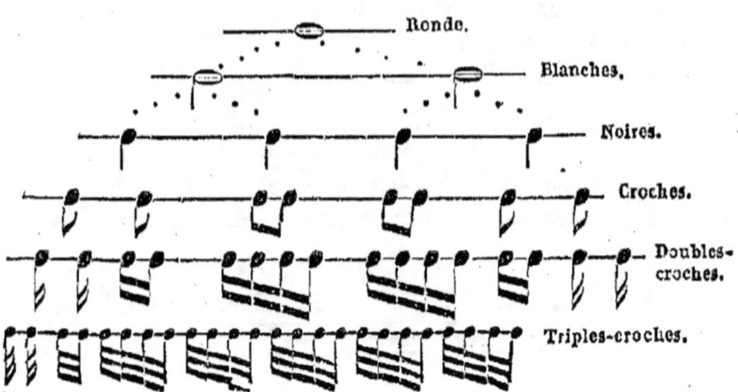

On voit, par ce tableau, que la Ronde vaut 2 Blanches, la Blanche 2 Noires, la Noire 2 Croches, la Croche 2 Doubles-croches et la Double-croche 2 Triples-croches.

10. On appelle *Silence* un signe qui marque une pause (un silence), dont la durée est égale à la valeur d'une note et dont voici la forme :

Noms :
Pause. Demi-pause. Soupir. Demi-soup. Quart de soup. Demi-q. de s.

Valeur correspondante :
Une Ronde. — Blanche. — Noire. — Croche. - double croche. - triple cr.

11. En ajoutant un point après une note ou un silence, on augmente leur durée de moitié. S'il y a deux points, le second vaut la moitié du premier.

REMARQUE. Faire beaucoup d'exercices sur les Nᵒˢ 9, 10 et 11.

12. Pour distinguer les sons et les notes qui les représentent les uns des autres, on leur donne des noms différents; ces noms, au nombre de sept, sont :

Do, Ré, Mi, Fa, Sol, La, Si.

13. Il n'y a que *sept* sons dont les antres, plus graves ou plus aigus, ne sont que la répétition; les sept noms suivants suffisent donc pour les désigner tous.

14. Lorsque la portée n'a pas assez de lignes pour qu'on puisse y écrire les notes qui représentent des sons plus aigus ou plus graves, on y supplée par des lignes *auxiliaires* placées sous la note ou au-dessus.

§ 2. Des Gammes, des Tons et des Demi-tons.

1. On appelle *Gamme* la suite des sept sons disposés suivant leur ordre naturel avec la répétition du premier, appelé *Octave*.

2. Bien que dans une Gamme écrite la distance d'une note à la note suivante soit partout la même pour l'œil, on remarque aisément en la chantant qu'il n'en est pas de même pour l'oreille. En effet, la distance du 3e au 4e son et celle du 7e au 8e sont moindres que partout ailleurs.

3. Toute distance de deux sons consécutifs égale à celle de *Mi* à *Fa* ou de *Si* à *Do* est appelée *Demi-ton*, les distances plus grandes sont appelées *Tons* ou *Tons entiers*.

4. On peut donc dire qu'une Gamme chantée est composée de sept sons différents, formant cinq *tons* entiers et deux *demi-tons*, et disposés de telle manière que les demi-tons se trouvent entre le 3ᵉ et le 4ᵉ et le 7ᵉ et le 8ᵉ son.

5. La gamme qui commence par *Do* se nomme *Gamme naturelle* ou *Gamme normale*.

GAMME NORMALE.

6. On appelle *signe d'altération*, les signes qui servent à indiquer les demi-tons autres que ceux de Mi à Fa et de Si à Do; ces signes sont au nombre de *trois*, dont voici la forme et la signification.

1º Le *Dièse* (♯), qui hausse la note d'un demi-ton.

2º Le *Bémol* (♭), qui baisse la note d'un demi-ton.

3º Le *Bécarre* (♮), qui replace la note telle qu'elle était avant d'avoir été altérée par un ♯ ou un ♭.

7. Quand un signe d'altération domine dans un morceau, au lieu de le répéter chaque fois devant la note qu'il doit altérer, on le place une fois pour toutes immédiatement après la clef.

REMARQUE. Il sera fort utile d'exercer les enfants à prononcer par cœur et vite, le nom des notes de toutes les gammes en montant et en descendant.

EN MONTANT.

Do, ré, mi, fa, sol, la, si, do.
Ré, mi, fa, sol, la, si, do, ré.
Mi, fa, sol, la, si, do, ré, mi.
Fa, sol, la, si, do, ré, mi, fa.
Sol, la, si, do, ré, mi, fa, sol.
La, si, do, ré, mi, fa, sol, la.
Si, do, ré, mi, fa, sol, la, si.

EN DESCENDANT.

Do, si, la, sol, fa, mi, re, do.
Ré, do, si, la, sol, fa, mi, ré.
Mi, ré, do, si, la, sol, fa, mi.
Fa, mi, ré, do, si, la, sol, fa.
Sol, fa, mi, ré, do, si, la, sol.
La, sol, fa, mi, ré, do, si, la.
Si, la, sol, fa, mi, ré, do, si.

---

§ 3. De la Mesure.

1. Au moyen de la détermination précise de la valeur des notes et des silences, on peut diviser un morceau de musique en petites parties égales. On indique cette division par des barres perpendiculaires sur la portée.

2. On appelle *Mesure* la durée totale de toutes les notes et des silences qui se trouvent entre deux *barres de mesure*.

3. On nomme *Temps*, les parties dont se compose une mesure.

4. Il y a trois espèces de mesures. La mesure à *Deux temps*, la mesure à *Trois temps* et la mesure à *Quatre temps*. Elles se divisent en mesures *simples* et en mesures *composées*.

5. Manières de battre les Mesures.

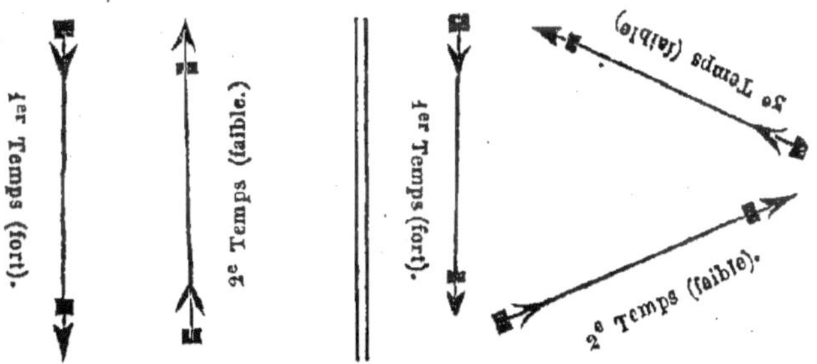

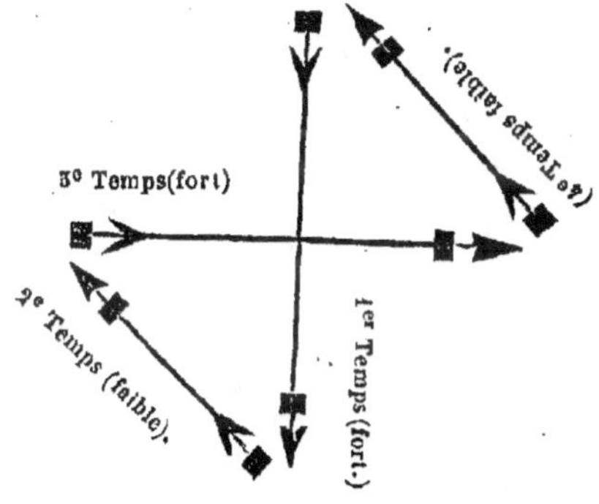

Remarque. On ne saurait trop recommander la plus grande sévérité en faisant battre la mesure et cela par *tous les élèves*. Il faut de toute nécessité que chaque temps soit marqué *franchement, carrément*, sans que la main traine ou vacille, et que tous les temps soient d'une égalité parfaite depuis le commencement jusqu'à la fin du morceau. Cette règle est de rigueur, car l'élève doit chanter en se guidant sur les mouvements réguliers de sa main, et non guider sa main sur le *chant*.

(LA SUITE DANS LE TOME SECOND.)

Mulhouse, imprimerie de J. P. Risler.

EXERCICES AVEC PAROLES.

2.

bon - ne dans le mal - heur n'a point d'a - mis,

dans le mal — heur n'a point d'a - mis.

Allegro.
N? 5.
Vœg-lein sin - gen, Vœg - lein sprin - gen

wie - der froh, von Zweig auf Zweig. Früh - ling sen - det,

Früh - ling spen - det Fut - ter viel, an Nah-rung reich.

Moderato.
N? 6.
Ler - ne Ord - nung, lie - be sie, ler - ne

Ord - nung, lie - be sie, Ord - nuug, Ord - nung,

Ord-nung spart dir Zeit und Müh.

EXERCICES AVEC PAROLES.

4.

Moderato.
N.° 9.
3/4
Flieh al - les Selbst-lob, al - len Flit - ter - staat!
Sey stumm im Thun und re - de durch die That.
Lento.
N.° 10.
3/4
Nur die Tu - gend blüht und blei - bet: was der
Staub ge - bar, ver - staeu - bet und wird
bald nicht mehr ge - sehn.
Moderato.
N.° 11.
3/4
Komm, o Nacht, der Mü - den Ruh', führ uns
sacht dem Schlum-mer zu, dass mit früh — stem
Mor - gen - schein wir recht froh und mun - ter sein.

EXERCICES AVEC PAROLES

6.

Lento.
N° 15.
Va - ter al - ler E - wig - kei - ten!
Du re - gierst den Lauf der Zei - ten;
Du be - fiehlst und auf dein Wort
rollt die Son - ne tæg - lich fort.
Allegro moderato.
N° 16.
Sü - sse Freu - de, hei - li - ge Lust,
komm' und strœm' in mei - ne Brust! O, wie
strahlt von dei - nem Licht er — hellt in
hol - dem Glan - ze Got - tes schœ - ne Welt.

VIERSTIMMIGER KANON.

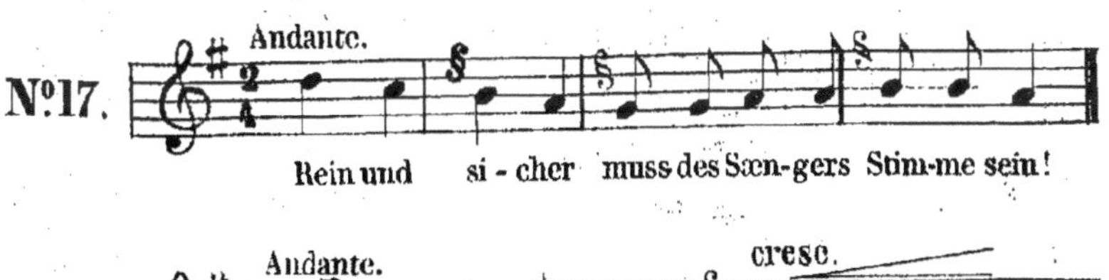

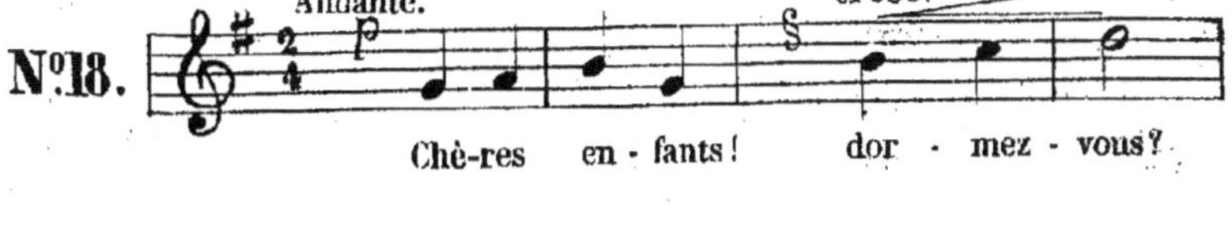

DREISTIMMIGER KANON.

DREISTIMMIGER KANON.

DREISTIMMIGER KANON.

CANON A CINQ PARTIES.

CANON A TROIS PARTIES.

Sabbatini.

No 23

LA LUNE.

Nº 24

2. O lune charmante,
   Qu'es-tu ? dis-le moi.
   Ta face brillante
   Reluit, mais pourquoi ?
   L'enfant du village,
   Souvent ignorant,
   Croit voir un visage
   Dans ton disque blanc.

3. Oh ! que ta puissance
   Est grande, Seigneur !
   Quelle confiance
   Doit remplir mon cœur !
   La voûte céleste
   Me parle de toi ;
   L'Évangile atteste
   Ton amour pour moi.

LE MATIN DES OISEAUX.

2. Secouant de son aile
Le plumage léger,
Du bec il le démêle
Et sait le nettoyer.
Sa toilette il achève
Diligemment,
Puis dans les airs s'élève
Propre et content.

L'ARC-EN-CIEL.

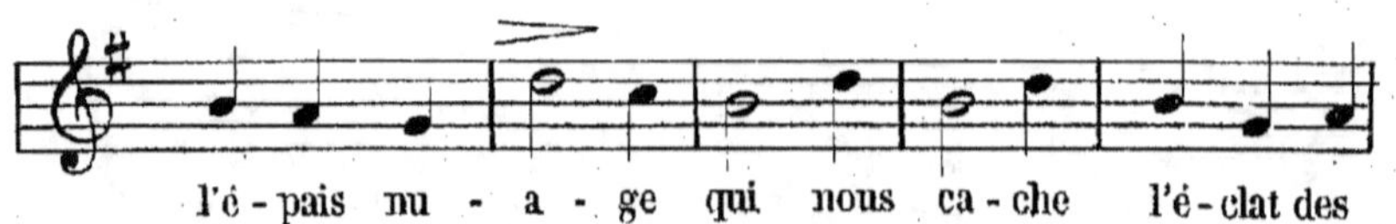

2.

Mais que vois-je, au sein de la nue,
Paraître avec tant de splendeur?
Quel prodige s'offre à ma vue
Et dissipe toute frayeur?

3.

C'est l'arc-en-ciel dont la présence
Nous dit que Dieu veille sur nous,
Et qui proclame sa puissance
Par ses feux si purs et si doux.

4.

O mon Dieu! lorsque ta sagesse
Fait briller ce signe d'amour,
Sachons redire ta promesse
Et bénissons-la chaque jour.

LE PAPILLON.

2.

Ah! tu parais prendre en pitié ma peine,
Tu t'es posé sur ce beau soleil d'or!
A pas de loup, retenant mon haleine,
J'approche... hélas! tu m'échappes encor.(bis.)

3.

Plaisir et toi, serait-ce même chose?
Appât trompeur, comme toi, le plaisir
Coquettement devant l'homme se pose,
Et toujours fuit quand on croit le saisir.(bis.)

AUFMUNTERUNG ZUM SINGEN.

№ 28.

2. Fromm in Freude singen,

   Gibt gar schœnen Klang,

   Und so soll es klingen

   Unser Leben lang.

3. Klingt, ihr Lieder, klinget,

   Klinget immerdar!

   Hœrt! in Freude singet,

   Unsre frohe Schaar.

LE BERGER.

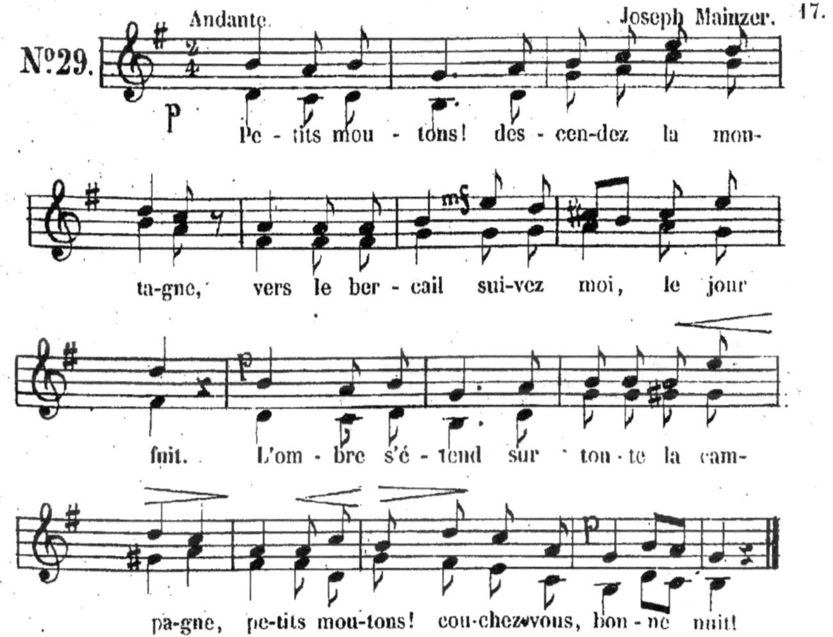

2.

Le jeune pâtre ainsi dans la vallée,
Quand vient le soir, ramène son troupeau ;
Siffle son chien, et puis, sous la feuillée,
Se couche et dort au bord d'un frais ruisseau.

3.

Il a pour lit, la mousse et la verdure,
Pour toit la voûte, où brillent mille feux.
Et comme Abel, âme naïve et pure,
En songe il voit les anges et les cieux.

BIBLIOTHÈQUE IMPÉRIALE

SOMMERLIED.

2.

Wie so schœn ist diese Erde !
Alles wie so freudenvoll !
Dankt es Ihm ; Er sprach: Es werde !
Menschen, bringt Ihm euern Zoll !

3.

Selig, wem aus Himmelshœhen
Rührung in das Herze dringt ;
Selig, wem ein gœttlich Wehen
Hin zu sanften Thrænen bringt.

LE BONHEUR DE LA JEUNESSE.

N° 31

WINTERLIED.

N.⁰ 32.

2.

Kaum hat der Herbst sein Werk vollbracht,
So kommt er schon, in kalter Nacht,
Und streut euch Reif auf's Gartenland,
Und raubt dem Hain das Herbstgewand.

3.

Er steigt vom Berg in's Thal hinab,
Und schüttelt Bæum' und Stauden ab;
Er zæhlt sie alle, Blatt für Blatt,
Sieht, ob er kein's vergessen hat.

4.

Wohl dem, der in der Sommerzeit
Das Feld bestellt, die Saat gestreut;
Vom frühen Morgen bis zur Nacht
Sein Tagewerk getreu vollbracht.

5.

Ihn schrecket dann der Winter nicht,
Er schaut ihm muthig in's Gesicht,
Und preiset Gott, der's also lenkt,
Und uns den Frühling wieder schenkt.

CHANT POUR L'INAUGURATION D'UNE ÉCOLE.

2.

L'étude ici, de ses nuages,
Semble à nos yeux se dégager.
Ici nos cœurs sont moins volages
Et le joug nous paraît léger.

Salut, etc

3.

De l'abeille vive et légère
L'exemple soutient notre ardeur;
Si l'activité sait lui plaire,
Le travail fait notre bonheur.

Salut, etc.

22. Andante moderato. Berts

N.° 34

2.

Thue Gutes, sieh', es ist
Heut' Gelegenheit.
Weisst du, wo du Morgen bist?
Flüchtig ist die Zeit.

3.

Aufschub einer guten That
Hat schon oft gereut.
Nützlich leben, ist mein Rath;
Flüchtig ist die Zeit.

LE MENUISIER.

2.	3.
A mon travail je sais tenir l'œil,	C'est ainsi que je bats du marteau,
Surveiller la chaise et le fauteuil,	Que je fais éclater les copeaux,
Au besoin aussi faire un cercueil,	Rabotant, polissant les trumeaux,
Tout en plaignant la famille en deuil.	Imitant tous les genres nouveaux.

DIE FREUDE.

2.

Deines Segens Ueberfluss
Dringt durch alle Glieder,
Und der Tanz hebt meinen Fuss,
Und du lehrst mich Lieder.

3.

Hüpfend eil' ich in die Reih'n
Lachender Gespielen,
Wo wir alle nur uns freu'n,
Alle froh uns fühlen.

LES MATELOTS.

2.

Quand la tempête exerce son horreur,
L'autan fougueux dans nos mâts se déchaîne,
Et mugissant sur la liquide plaine,
Renverse tout; mais, bravant sa fureur,
L'espérance reste à bord,
Vire avec nous et nous conduit au port.

LE PAIN QUOTIDIEN.

N.º 58.

Allegro.

H. Duvernoy.

<table>
<tr><td>

2.

Moi, je veux toujours
Rendre grâce à Dieu, mon père,
Qui, par son secours,
Me fait vivre tous les jours.
Il sait me pourvoir
De ce pain si nécessaire;
Et tout me fait voir
Que l'aimer est mon devoir.

</td><td>

3.

Quand je grandirai
Et que je pourrai m'instruire,
Je travaillerai,
Mon pain, je le gagnerai.
Mais, en attendant,
Je veux, me laissant conduire,
Dieu obéissant,
Être un bon petit enfant.

</td></tr>
</table>

SEHNSUCHT NACH DEM FRÜHLING.

2.

Auf die Berge mœcht ich fliehen,
Mœchte seh'n ein grünes Thal,
Mœcht' in Gras und Blumen liegen,
Und mich freu'n am Sonnenstrahl!
    La la, etc.

3.

Schœner Frühling, komm doch wieder!
Lieber Frühling, komm doch bald!
Bring' uns Blumen, Laub und Lieder,
Schmücke wieder Feld und Wald!
    La la, etc.

INNRER FRIEDE.

2.

Schreckt die Zukunft ihn mit Nacht,
Drohet sie mit Stürmen,
Gottes Vaterauge wacht,
Er wird ihn beschirmen:
Unbesorgt, mit heiterm Sinn,
Gibt er sich dem Vater hin.

3.

Freudig schaut er auf zu Gott,
Rein ist sein Gewissen;
Darum wird er auch im Tod
Nicht den Frieden missen;
Denn er geht an Vaters Hand
Hin in's bessre Vaterland.

ABENDLIED.

2.

Manche Andre gross und reich!
Glück der Welt, mir gilt es gleich,
Nichts stœrt mich in meiner Ruh,
Wenn ich immer Gutes thu!

3.

Kann ich reines Herzens nur
Dich bewundern, o Natur!
Kann ich nur an Freundes Hand
Wandern bis zum Grabesrand.

4.

O was wünsch' ich dann noch mehr!
Rings blüh'n Freuden um mich her,
Und mit frohem, leichtem Sinn,
Leb' ich so mein Leben hin.

SEHNSUCHT NACH DER MUTTER.

N.º 42.

2.

Bin ich gleich weit von dir,
Træum' ich doch stets von dir,
Bin nicht allein.
Wach' ich vom Schlafe auf (*bis*),
Bin ich allein.

3.

Einsam dann weine ich,
Nenne im Seufzen dich,
Doch du bleibst fern.
Mutter, o Mutter mein (*bis*),
Bleib' nicht mehr fern!

DER MOND.

2.

Wenn der Schatten Schauer nah'n,
Zeigst du matten Pilgern Bahn
Auf dem trüben Nachtrevier
Nach des lieben Hüttchens Thür.

3.

Allen Müden lächelst du
Jenen Frieden Gottes zu,
Der in Liedern einst so schœn
Lœs't der Brüder Missgetœn.

CHANT DU MATIN.

2.

Bon jour,
Dieu te garde en son amour!
Qu'avec nous sa paix demeure,
Et que tu sois en toute heure
Prêt pour l'éternel séjour,
Bon jour!

CHANT DU SOIR.

N°. 45.

2.

Au revoir! Au revoir!
Nous aimons le doux espoir.
Des adieux qu'un jour limite,
Notre cœur se félicite,
Sans plainte il vous dit bonsoir,
Au revoir!

DOUCE VERTU.

34.

N.º 46.

GEBET EINES FROMMEN KINDES.

2.

Lass mich dich im Herzen tragen!
Herr! du prüfest Herz und Sinn,
Weisst, ob in der Zukunft Tagen
Ich auch treu der Tugend bin.

3.

Meine Eltern nie betrüben,
Ihrem Winke folgsam sein,
Ihre Lehren dankbar üben,
Ohne Tadel fromm und rein.

4.

Vater! diess sei mein Bestreben!
Lass dem guten Baume gleich,
Einst mein jugendliches Leben
Sein an schœnen Früchten reich.

2.

Cette harmonie,
Douce et chérie,
Dans ce séjour
Nous vint tremblante
Et chancelante
Le premier jour.

3.

Mais, doux présage!
L'on encourage
Ses nourrissons,
Et la patrie
Semble attendrie
Par nos chansons.

DIE ROSE UND DAS MÆDCHEN.

2

Der Morgen geht,
Der Wind verweht
Das Rœslein, weh', o wehe!
Dahin, dahin!
Die Blum' ich bin,
Ich sinke und vergehe!

PROVIDENCE.

38.

Andante.

N.º 50.

2.

Que d'enfants sur leurs couchettes
S'éveillant frais et joyeux,
Sans prévoir deuils ni disettes,
Ont repris en paix leurs jeux!
Qui les voit tous? Qui les aime?
Le bon Dieu; sa main nous sème
Nouveaux plaisirs chaque jour:
Offrons lui tout notre amour!

FRÜHLINGSLIED.

2.

Wer weiss wie bald
Die Glocke schallt,
Wo wir des Maien
Uns nicht mehr freuen;
Wer weiss wie bald
Die Glocke schallt.

3.

Drum werdet froh;
Gott will es so,
Der uns dies Leben
Zur Lust gegeben;
Geniesst die Zeit,
Die Gott verleiht.

EXHORTATION A LA JOIE.

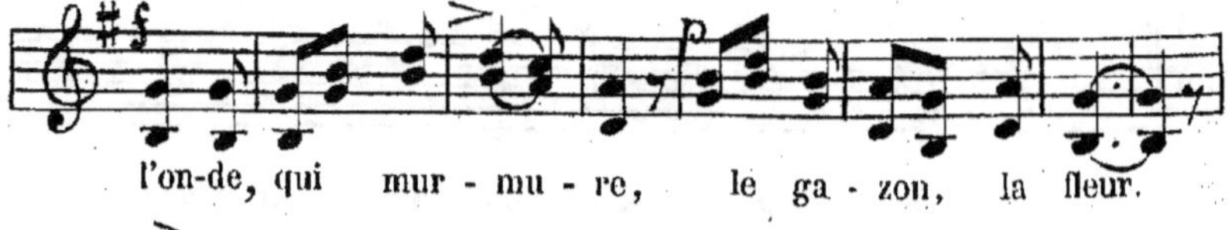

2.

L'âme, qui s'attriste,
Et veut tout prévoir,
Rarement résiste
A son désespoir.
Chassons les alarmes
Qui troublent nos jours.
Le ciel de nos larmes
Tarira le cours.

2.

L'été s'enfuit et la nature,
Perd l'éclat dont elle a brillé;
Les arbres n'ont plus de verdure,
Chaque buisson est dépouillé (*bis*).

3.

Le jour est court, la nuit brumeuse,
L'herbe raidit sous les frimas;
Et l'hirondelle voyageuse
A volé vers d'autres climats (*bis*).

4.

Moment de deuil et de veuvage,
C'est ainsi que l'on voit finir,
Le bonheur réel du bel âge;
Il n'en reste qu'un souvenir (*bis*).

GENUSS DER FREUDE.

42.

N.º 54.

Allegro.

H. Sattler.

2.

Blumen so hold und schœn
Duften auf Feld und Hœh'n;
Will sie im Sonnenglanz
Winden zum bunten Kranz.

La, la, la, la, etc.

3.

Freude winkt überall:
Dort an dem Wasserfall,
Hier am besonnten Rain,
Dort an dem Blüthenhain.

La, la, la, la, etc.

SOUVENIR DU PAYS.

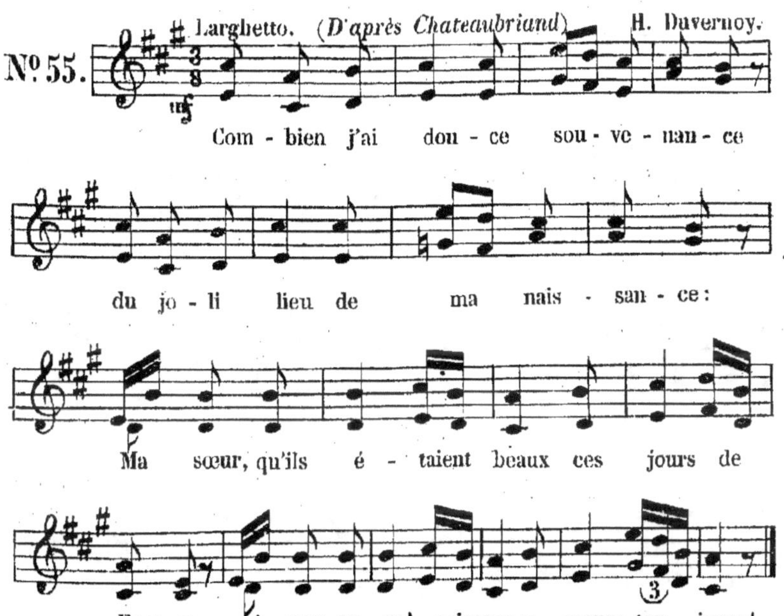

2.

Te souvient-il que notre mère,
Au foyer de notre chaumière,
Nous pressait sur son cœur joyeux,
Ma chère?
Et nous baisions ses blancs cheveux,
Tous deux.

3.

Te souvient-il du lac tranquille
Qu'effleurait l'hirondelle agile,
Du vent qui courbait le roseau
Mobile,
Et du soleil couchant sur l'eau
Si beau?

FRÜHLINGSLIED.

44.

N.° 56.

2.

Die Thæler durchwallen jetzt sonder Verdruss
Und Hügel besteigen, ist Lebensgenuss! _
Wer wollte in Stædte sich schliessen jetzt ein,
Wenn draussen die Blüthen und Blumen erfreu'n?

3.

Wie bald, ach! verduften die Blumen ihr Sein!
Schon Tausende schlummern im Wiesenthal ein;
Vom Kirschbaume træufeln schon Blüthen herab,
Und decken der Veilchen balsamisches Grab.

4.

Vorüber flieht alles in traurige Nacht,
Kein Erdenglück bleibet, so lieblich es lacht;
Wie Rosenpracht schwindet der Kœnige Zier.
Wie einsame Veilchen vergehen auch wir.

AN DIE TUGEND.

2.

Thætig leben,
Vor dem kleinsten Fehltritt beben,
Dies kommt frommen Kindern zu,
Führt zur Freude, Glück und Ruh'.

3.

Ohne Tugend
Welkt die Blüthe meiner Jugend.
Holde Tugend! leite mich,
O dann leb ich nur für dich.

PSALM.

2.

Wohl euch, die ihr Jehova ehrt!
Ihr hasst der Argen Pfade!
Euch schützt Jehovah's Gnade.
Er rettet, wenn euch Schrecken droht,
Aus Feindes Hand und Noth.
Der Herr ist Gott!

3.

Wohl dem, der Recht und Wahrheit liebt!
Ihm muss die Freude immer
Aufgeh'n mit grünem Schimmer.
Ihr Heilgen, lobsingt dem Herrn,
Dankt ihm, und preist ihn gern.
Der Herr ist Gott!

L'OBÉISSANCE.

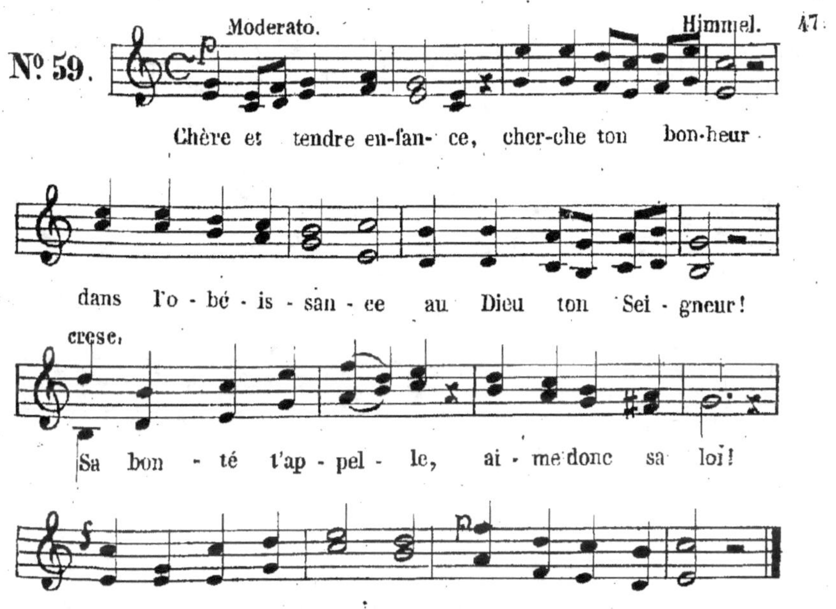

2.

Comme une onde pure,
Couleront tes jours;
Mais aucun murmure
N'en suivra le cours.
Au moment suprême,
Tu seras porté
Vers le Dieu qui t'aime
Pour l'éternité!

ABENDLIED.

2.

In deiner erfreulichen Kühle
Vergisst man die Leiden der Zeit,
Vergisst man des Mittages Schwüle,
Und ist nur zum Danken bereit.

3.

Wenn säuselnde Lüfte uns kühlen,
Kein Lauscher und Horcher uns stœrt,
Dann wird unter Wonnegefühlen
Der Becher der Freundschaft geleert.

4.

Willkommen, o Abend von Milde!
Du schenkst den Ermüdeten Ruh',
Versetzest in Edens Gefilde,
Und læchelst uns Seligkeit zu.

GEBET VOR DEM SCHLAFENGEHEN.

2.

Was gut ist, Vater, kommt von dir,
Des Guten viel empfangen wir,
Nimm unser dankend Lallen an·
Für das, was du an uns gethan.

3.

Wir sammeln uns mit frohem Muth,
Zu ruh'n in deiner Vaterhut;
Ohn' dein Geheiss, du Gott der Welt,
Kein Haar von unserm Haupte fællt.

4.

Wir schlummern ein, du weisst die Frist,
Wann's unser letzter Schlummer ist:
Ach, sollt' es diese Nacht gescheh'n,
So lass uns dort den Vater seh'n.

LES OISEAUX DU CIEL

2.

Nous chantons le bocage,
Et les monts et les fleurs,
Et notre doux ramage
Est l'écho de nos cœurs.

3.

Dites, qui vous inspire,
Habitants des buissons?
D'où vient que tout respire
La joie en vos chansons.

4.

Sur la branche légère
Ne vois-tu pas les nids,
Où, gardés par leur mère,
S'endorment nos petits?

5.

En jouant sous l'ombrage,
Hélas! pauvres petits,
Les enfants du village
Vont découvrir vos nids.

6.

Oh! pour nous point de crainte,
Vois ce feuillage épais
Qui peut de leur atteinte
Préserver nos palais.

7.

Craignez, oiseaux volages,
Encor d'autres malheurs!
La faim, et les orages,
Et le plomb des chasseurs.

8.

Non, Dieu qui nous protége,
Nous, ses petits oiseaux,
De la faim et du piége
Garde les passereaux.

LA PRIÈRE DU MATIN.

2.

Sur moi ta faible créature ,
Mais aussi ton heureux enfant ,

Que ta grâce, en qui je m'assure ,
Verse ses dons abondamment !

LA PRIÈRE DU SOIR.

1.

Ta bonté tendre et paternelle
Aujourd'hui, par de nouveaux soins ,
A fourni de sa main fidèle
Aux plus légers de mes besoins.

2.

Que mon cœur, ô mon Dieu , mon père !
A la fin de ce nouveau jour,
Célèbre en sa vive prière
Tous les bienfaits de ton amour !

3.

Je vais dormir dans la nuit sombre :
Garde-moi pendant mon sommeil ;
Et que ton aile , de son ombre,
Me couvre jusqu'à mon réveil.

PRIÈRE AVANT LA CLASSE.

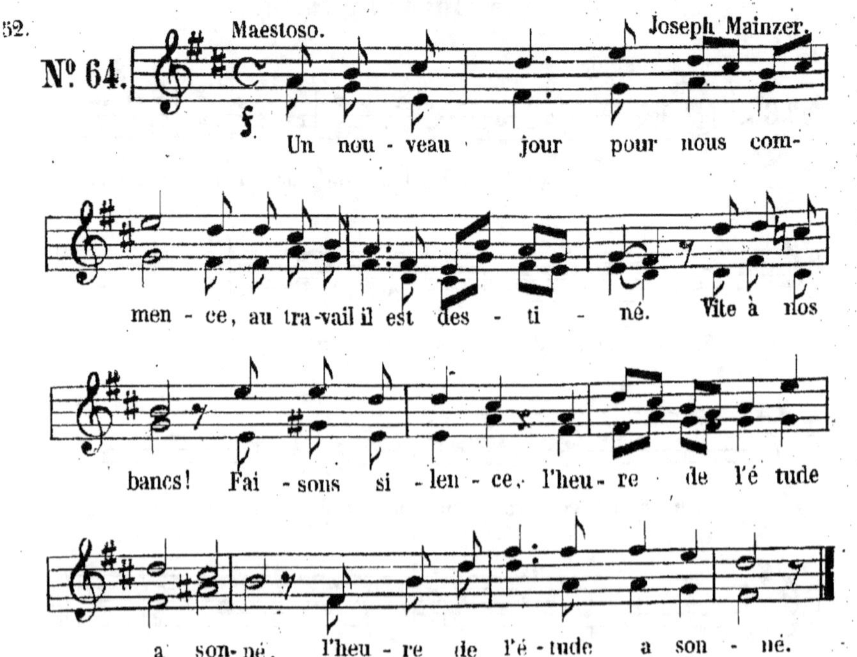

2.

Dieu tout puissant, sois notre guide !
C'est toi qui conduis au bonheur.
Daigne couvrir de ton égide
Nos corps, notre esprit, notre cœur (*bis*).

NACHTGEBET.

2.

Alle, die mir sind verwandt,
Gott, lass ruh'n in deiner Hand!
Alle Menschen, gross und klein,
Sollen dir befohlen sein.

3.

Kranken Herzen sende Ruh',
Nasse Augen schliesse zu!
Lass den Mond am Himmel steh'n
Und die stille Nacht beseh'n!

LE PRINTEMPS.

2.

Le fleuve n'a plus de glaçons
Qui heurtent le rivage;
L'herbe grandit et les buissons
Se couvrent de feuillage.

3.

Un soleil pur et radieux
Brille au ciel sans nuage,
Et des forêts l'hôte joyeux
A repris son ramage.

4.

Saison du plaisir, du bonheur,
Tableau de notre enfance,
Que j'aime ta verte couleur,
Symbole d'espérance.

LE CHANT DES LABOUREURS.

<table>
<tr><td>

2.

D'une bonne terre (*bis*)
Sort la plante nourricière,
La plus salutaire ;
Notre grain,
Notre pain,
Croît sous notre main
Qu'a bénie un père.

</td><td>

3.

Cultivant la terre (*bis*),
Aime Dieu ; dans la poussière
Sème pour lui plaire.
Qui l'aima,
Qui sema,
Il moissonnera
Les bienfaits d'un père.

</td></tr>
</table>

LE BON BERGER.

2.

En toute confiance
Toujours, Seigneur, je vais à toi,
Suivant ton alliance,
Heureux de vivre sous ta loi!
Alléluia! Alléluia!
Oui, tant qu'en lui ma foi séra,
Le bon berger me bénira (*bis*).

SCHLUMMERLIED.

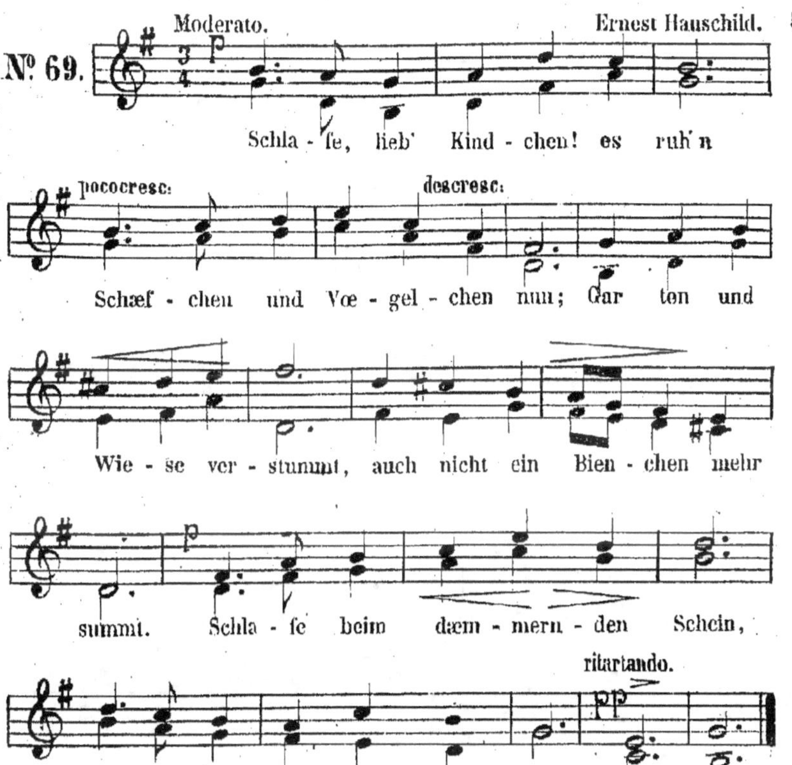

ABENDLIED.

2.

Seine Liebe spricht den Segen,	Allem Dasein, allem Leben
Dass auf allen deinen Wegen	Hat er diesen Trost gegeben. —
Nie sein Auge dich vergisst!	Halleluja, dass du bist!

DER BLINDE.

2.

Sein Auge kennt des Tages Licht,
Den Glanz der Abendrœthe nicht;
Sieht nicht die Thræne, die ihm fliesst,
Die Hand nicht, die sein Leid versüsst,
Den Blick nicht, der ihm freundlich grüsst:
Erbarmet euch!

3.

Erbarmet euch des Vaters Noth!
Bald rufet ihn ein sanfter Tod
In's Himmelreich: dann strahlet Licht
In meines Vaters Angesicht.
Verlasst den armen Vater nicht!
Erbarmet euch!

LE PETIT MENDIANT.

2.

O bonne mère !
Ton enfant, quand il grandira,
Ne tendra plus la main, j'espère ;
Par son travail il soutiendra
Sa bonne mère.

3.

C'est pour ma mère
Qui, chaque jour, pour vous priera.
Secourez-la sur cette terre,
Dans le ciel, Dieu vous le rendra...
C'est pour ma mère !

DES MORGENS IN DER FRÜHE.

2.

Des Morgens in der Frühe   In Luft und Busch so schœn.
Vergisst mann Sorg' und Mühe,   Und Glœcklein lustig klingen
Wann Vœglein lustig singen   Im Thal und auf den Hœh'n

STROPHES A L'ÉTERNEL.

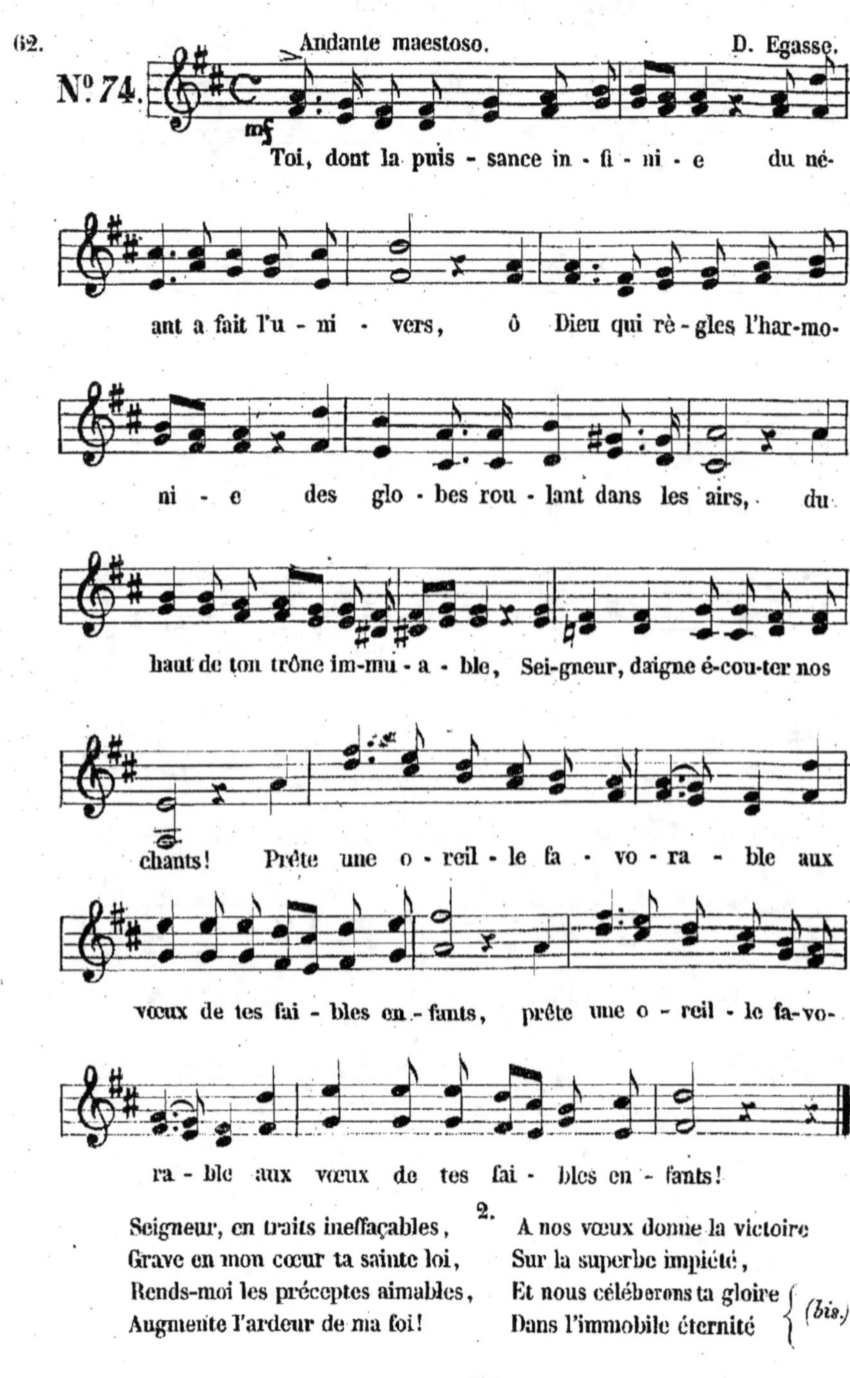

Seigneur, en traits ineffaçables,
Grave en mon cœur ta sainte loi,
Rends-moi les préceptes aimables,
Augmente l'ardeur de ma foi!

2.
A nos vœux donne la victoire
Sur la superbe impiété,
Et nous célébrerons ta gloire ⎫
Dans l'immobile éternité ⎭ (bis.)

BONNES RÉSOLUTIONS.

2.

Je veux être un jour la gloire
De mes bons et vieux parents,
Les chérir dans ma mémoire
Et fuir de vains passe-temps (*bis*).

3.

Je veux travailler, m'instruire,
Célébrer mon créateur ;
Bien penser, bien me conduire,
Tel sera mon seul bonheur (*bis*).

AUF DEM SPAZIERGANGE.

2.

Der Winter deckte sie mit Schnee,
Es schwieg der Wasserfall;
Nun murmelt er im bunten Klee
Zum Lied der Nachtigall.

3.

Mischt, Kinder! ihrem Wonneklang
Auch euern Jubel ein;
Auch uns schuf Gott zu frohem Sang,
Die Vœgel nicht allein.

L'HIVER.

2.

Les jours sont courts, le ciel est sombre;
On dirait, fuyant la clarté;
Que la nature veut dans l'ombre
Cacher sa triste nudité (*bis*).

3.

Petits oiseaux, pour vous repaître;
En vain vous cherchez quelque grain,
Accourez tous sur ma fenêtre,
Petits oiseaux, voici du pain (*bis*).

4.

Hélas! dans ce temps de détresse,
Que de malheureux vont souffrir!
Le sort nous donne la richesse;
Hâtons-nous de les secourir (*bis*).

CHANT DU SOIR.

Allegretto.

Nº 78.

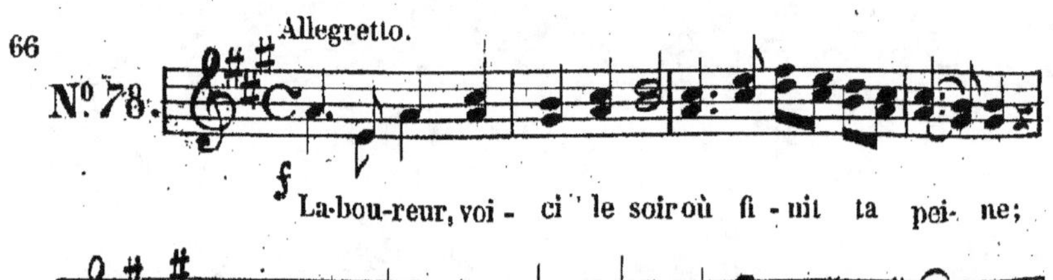

2.

Vigneron, sur tes coteaux
  Plane l'abondance;
Chante, après tes longs travaux,
  Chante l'espérance.
Aux échos, le soir, en chœur,
Dis tes vœux et ton bonheur;
  Et qu'aux cieux s'élance
  Ta reconnaissance.

3.

Artisan, quand vient le soir,
  Que ton cœur s'empresse
Parmi nous du doux revoir
  A goûter l'ivresse.
Dans le jour, rude ouvrier,
Dès le soir, joyeux rentier;
  Et toujours espère
  Au céleste père.

4.

Enfants, d'un noble pays,
  Si grand dans l'histoire,
Soyez fiers d'être les fils!
  Soutenez sa gloire!
Mais, d'un œil ambitieux
Embrassant les vastes cieux,
  Que chacun s'écrie:
  « C'est là ma patrie! »

PRIÈRE APRÈS LA CLASSE.

2.

Mais sans soutién, point de progrès
Dans le chemin de la science:
Au maître, auteur de nos succès
Respect, amour, reconnaissance! } (bis).

LES ADIEUX DE L'HIRONDELLE.

2.

Pays que j'aime, ah! ne va pas
Croire à mon inconstance!
Mais dès que tu revêtiras
La couleur d'espérance,
Je reviendrai sous ton climat moins froid,
Te demander même nid, même toit (*bis*).

LE BERGER.

N.º 81.

2.

A sa voix, tout le troupeau
Sort de la bergerie ;
Pierre par un chant nouveau
Le guide à la prairie : Touï, etc.

3.

L'agneau près de la brebis
Gaîment broute l'herbette,
Pierre sous un hêtre assis,
Sur sa flûte répète : Touï, etc.

4.

Quand l'ombre, chassant le jour,
Couvre le pâturage,
Le berger de son retour
Avertit le village : Touï, etc

DOUCE HARMONIE.

2.

Bonté suprême,
Source des dons parfaits,
L'enfance même
Vous doit mille bienfaits :
Et l'œil ravi de voir,
Et l'esprit, de savoir,
Et le cœur qui vous aime,
Heureux d'un tel devoir,
Bonté suprême !

3.

Saintes louanges
Qu'offrent à l'Éternel
Au ciel les anges,
Ici l'humble mortel,
Sous nos plus pauvres toits
Éclatez mille fois ;
Aux célestes phalanges
Associez nos voix,
Saintes louanges !

4.

Que je désire
A ces divins accents
D'un saint délire
Ennoblir tous mes sens !
Puisse à jamais mon cœur
Savourer le bonheur
D'être sous ton empire ;
C'est le seul bien, Seigneur,
Que je désire.

DER KLEINE TAMBOUR.

LES PETITS BERGERS.

N.º 84

2.

Le fruit qui pend à la branche
Pour nous est un doux repas.
Notre amité simple et franche
Nous préserve des débats.
La soif aux sources s'étanche
Sous les tertres bocagers!
Croyez-nous, soyez bergers! *(bis)*
Croyez-nous, soyez bergers!

3.

Après un jour d'où s'exile
Le mal et ses longs remords,
Notre repos est facile,
Et pour l'âme et pour le corps.
D'Abel l'on trouve l'asile
Où les rêves sont légers.
Croyez-nous, soyez bergers! *(bis)*
Croyez-nous, soyez bergers!

BONHEUR DE L'ENFANT INSTRUIT.

74.   N.º 85.   Moderato.   B. Wilhem.

2.

Votre cœur vers le bien incessamment s'élance;
Amis, du paresseux vous plaignez l'abandon,
Et dans son avenir, de son imprévoyance,
Vous lisez la triste leçon *(4 fois)*.

L'AVENIR.

Moderato.

François Stœpel.

N° 86.

2.

J'aime à te voir, onde légère,
Glisser sur ton lit transparent!
Mais où t'emporte le courant?
Que devient l'onde passagère? } (*bis*).

3.

Le soir, la fleur se fane et tombe,
L'onde ne doit plus revenir.
Mais pour l'âme un autre avenir
Recommence au seuil de la tombe! } (*bis*).

DER MAI.

76.
N.º 87.
Allegro.
Feld ein, Feld ein, der Mai ist da, Feld
ein was lau-fen kann; seht, Brü-der, seht von
fern und nah, lacht er uns freund-lich
an. Seht, uns'-re Kir-schen-
Baeu-me blüh'n, die Bie-nen sum-sen
dran, und auch die bun-ten
Stoer-che zieh'n schon schaa-ren-weis her-
an.

2.

Und überall, seht überall
Ist alles wieder wach!
Die kleine liebe Nachtigall
Singt schon den ganzen Tag.
Brauch' ich jetzt Fenster noch und Fach?
Wozu, sagt mir, wozu?
Der blaue Himmel ist mein Dach,
Der grüne Baum dazu.

3.

Drum auf, frisch auf! hinaus ins Feld!
Dir, Ofen, gute Nacht!
Denn Gott hat seine liebe Welt
Nun selber warm gemacht.
Der Mai ist da, wie froh, wie froh
Ist nun mein ganzer Sinn,
O lebt ich doch, o lebt ich so,
Mein ganzes Leben hin.

L'ÉTÉ.

2.

Déjà la terre s'est couverte
D'autres couleurs;
L'épi succède à l'herbe verte,
Les fruits aux fleurs.

3.

Dans sa grange, avec jouissance,
Le moissonneur
Va contempler la récompense
De son labeur.

4.

Celui qui d'une ardeur suivie
Travaillera,
Quand viendra l'été de sa vie,
Récoltera.

CHANT DU PRINTEMPS.

<table>
<tr><td align="center">2.</td><td align="center">3.</td></tr>
<tr><td>

La jeune cigale
Redit sa chanson,
La fleur qui s'étale
Cache le grillon.
Dans les airs, etc.

</td><td>

Puis, c'est la fauvette,
Le doux rossignol,
La vive alouette
En son joyeux vol.
Dans les airs, etc.

</td></tr>
</table>

4.

Les accords champêtres
Disent tour à tour,
Du Père des êtres
La gloire et l'amour.
Qu'aux doux sons des airs, des prés, des bois
S'unissent nos voix.

UN JOUR DE PRINTEMPS.

80.
N.º 90.

François Stœpel.

LE SERRURIER.

<table>
<tr><td>

2.

Si parfois je me repose,
Je n'en suis pas moins pétulant,
Sans ennui, jamais morose,
Toujours content, toujours chantant.

</td><td>

3.

Si je fais une serrure,
J'sais l'arranger comme un savant;
Je suis fier de sa tournure,
Toujours content, toujours chantant.

</td></tr>
</table>

DER FRÜHLING.

Nº 92

2.	3.
O Vater ! deine Milde	Die Flur im Blumenkleide,
Füllt Berg und Thal und Au';	Ist, Schœpfer! dein Altar,
Es grünen die Gefilde,	Und Opfer reiner Freude
Beperlt vom Morgenthau.	Reicht dir das junge Jahr.
Der Blumenweid' entgegen	Es bringt die ersten Düfte
Blœckt schon die Heerd' im Thal,	Das blaue Veilchen dir,
Und in dem Staube regen	Und schwebend durch die Lüfte
Sich Würmer ohne Zahl.	Lobsingt die Lerche dir.

DAS WALDHORN.

2.	**3.**
Und jeder Baum	Und jede Brust
Im weiten Raum	Fühlt neue Lust
Dünkt uns wohl noch so grün;	Beim frohen Zwillingston;
Wie wallt die Quell'	Wie flieht der Schmerz
Wohl noch so hell	Aus jedem Herz
Durch's Thal dahin — dahin.	Sogleich davon — davon.

L'AMITIÉ D'ENFANCE.

2.

Er zürnt nicht deinen Thrænen,
Wenn er dich træsten will;
Er tadelt nicht dein Sehnen,
Nur macht er's fromm und still.
Und wenn in Sturmestoben
Du murrend fragst: Warum?
So deutet er nach oben,
Mild læchelnd, aber stumm. {bis).

3.

Er hat für jede Frage
Nicht Antwort gleich bereit,
Sein Wahlspruch heisst: Ertrage,
Die Ruhstatt ist nicht weit!
So geht er dir zur Seite
Und redet gar nicht viel,
Und denkt nur in die Weite
An's schœne, grosse Ziel. {bis).

RÊVERIE DU SOIR.

<table>
<tr><td>2.</td><td>3.</td></tr>
<tr><td>
Ah! quel saint transport m'inonde,
Ici je respire en paix,
Et des vains plaisirs du monde
Je méprise les attraits.
</td><td>
Que ne puis-je, l'âme pure
De regrets et de remords,
Près de toi, belle nature,
Habiter jusqu'à la mort.
</td></tr>
</table>

GENUSS DES LEBENS.

2.

Wer Redlichkeit und Treue liebt,
Und gern dem ærmern Bruder gibt,
Es siedelt sich Zufriedenheit,
So gerne bei ihm an. D. C.

3.

Und wenn der Pfad sich furchtbar engt,
Und Missgeschick uns plagt und drængt,
So reicht die Freundschaft schwesterlich,
Dem Redlichen die Hand. D. C.

4.

Sie trocknet ihm die Thrænen ab,
Und streut ihm Blumen bis in's Grab;
Sie wandelt Nacht in Dæmmerung,
Und Dæmmerung in Licht. D. C.

L'ENTRÉE A L'ÉCOLE.

<table>
<tr><td>

2.

Il faut qu'on apprenne
Lorsqu'on est enfant,
Le travail amène
Le contentement.

</td><td>

3.

Quand on sait bien lire;
C'est très-amusant;
Quand on sait écrire,
On n'est plus enfant.

</td></tr>
</table>

2.

La leçon commence
Dans quelques instants :
Qu'un profond silence
Succède à nos chants.

RUNDGESANG.

No. 99.
Moderato.
Peter von Winter. 89.
Freu- de, Schwes - ter ed -ler See -len die im
Kreis der En - gel wohnt, du nur bist es, die die
Mü - he, die den Schweiss des Le -bens lohnt, die den
solo
Schweiss des Le- bens lohnt. Komm von dein-em Strah-len-
thro - ne, Goet - tin, mit der Blu - men-
crese,
kro - ne! Dir er - toent mit lau - tem
Tutti cresc:
Klang hoch em - por ein Preis - ge - sang! Dir er-
toent mit lau - tem Klang hoch em - por ein Preis - ge-

2.

Was im Weltenrunde kreiset,
Was im Sonnenstrahl sich wiegt,
Liegt an deinem Mutterherzen
Wonnetrunken angeschmiegt *(bis)*.
Engelhymnen, Menschenlieder,
Hallen durch die Schœpfung wieder,
Und der Geister grosses Reich
Wird an deinem Altar gleich   *(bis)*.
Engelharfen, Menschenzungen,
Singen deine Huldigungen;
Lerchenlied und Sphærenklang
Tœnen deinen Lobgesang *(bis)*.

L'HYMNE A LA FRANCE.

92.

2.

Entends l'artiste et l'ouvrier,
Chanter ta gloire à l'atelier !
Par les arts, l'industrie,
On y sert sa patrie.
Tel qui sait là te bien servir,
Saurait au feu pour toi mourir :
    Terre sacrée,
    France adorée !
    Sois nos amours,
Sois notre orgueil toujours !

3.

Remets ton glaive en son fourreau !
Va ! prends la lyre et ton flambeau !
Charme, éclaire, féconde,
Électrise le monde !
Et les peuples en ton honneur,
Peut-être un jour diront en chœur :
    Terre sacrée,
    France adorée !
    A toi toujours,
Nos chants et nos amours !

Lith. C. Fasoli & Ohlman à Strasbourg.

www.ingramcontent.com/pod-product-compliance
Lightning Source LLC
LaVergne TN
LVHW021749170726
843503LV00004B/1784